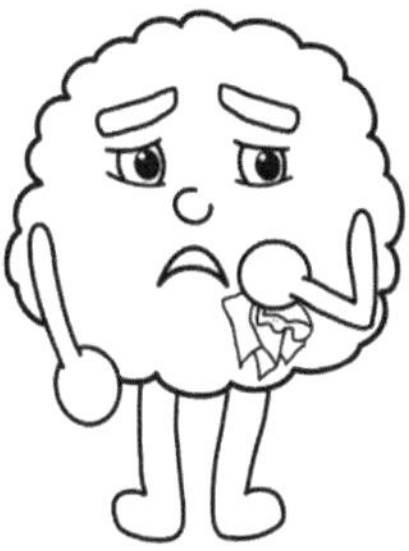

Dieses Buch ist für

_____

von

_____

edition
riedenburg

Ich danke Anne, Linda und meinem Mann Christian für die Unterstützung und das hilfreiche Feedback während des Schreibens. Ich habe es sehr genossen, gemeinsam mit meiner Tochter Leni (7) die Figuren zu entwerfen und sie auf dieser Grundlage zu illustrieren.

Danksagung

INHALT

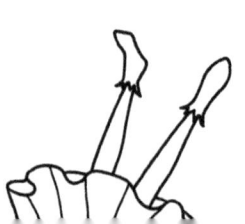
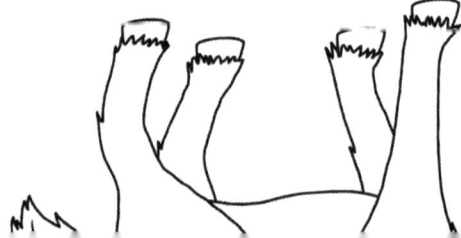

Vorwort

Liebe Eltern und Erzieher*innen,

der Umgang mit Gefühlen in unserer Gesellschaft ist immer noch schwierig. Wir haben kaum gelernt, wie wir Gefühle zulassen und damit umgehen können.

Oft werten wir uns selbst ab, weil wir wütend sind, fühlen uns ohnmächtig unserer übergroßen Angst ausgeliefert, lenken uns ab, um bloß keine Trauer fühlen zu müssen, oder verstecken unsere Scham.

Auch die Freude, welche gesellschaftlich noch am ehesten akzeptiert ist, wird aus Rücksicht auf andere zurückgehalten oder bei dem Versuch, schmerzhafte Gefühle zu unterdrücken, von Gefühlstaubheit überdeckt. So kommt es, dass wir nicht nur schmerzhafte Gefühle oftmals zurückhalten, sondern auch Freude nicht frei empfinden können.

Gefühle sind schon sehr komplex für uns Erwachsene. Für Kinder sind Gefühle noch viel unverständlicher und überwältigender – einfach deshalb, weil sie weniger Erfahrung damit haben.

Wir können Kindern ein gutes Vorbild sein, indem wir unsere eigenen Gefühle wahrnehmen und diese auch im Konflikt oder im Prozess mit den Kindern äußern.

Wir Erwachsene unterstützen Kinder bei der Entfaltung ihrer Gefühle, indem wir liebevoll und verständnisvoll mit den Gefühlen der Kinder umgehen, sie ernst nehmen und angemessen auf sie eingehen. Ohne Herunterspielen, Auslachen, Beschämung oder Abwertung. So lernen Kinder, ihre Gefühle als hilfreich zu erleben.

Gefühle sind Werkzeuge

„Schluss mit dem GEFÜHLchen-Chaos!" zeigt, dass unsere Gefühle hilfreiche Werkzeuge unseres Körpers sind. Sie sollten nicht als „negativ", „unerwünscht" oder „peinlich" betrachtet werden, denn Gefühle liefern uns wichtige Informationen über uns selbst.

Wut zeigt uns, dass unsere Grenzen überschritten wurden oder ein Bedürfnis nicht erfüllt ist.

Angst warnt uns vor Gefahren und lässt uns innehalten, um die jeweilige Situation zu prüfen.

Scham macht uns darauf aufmerksam, dass unsere Gedanken über uns selbst möglicherweise nicht stimmen.

Trauer macht uns klar, dass uns etwas oder jemand fehlt oder wir uns einsam fühlen.

Freude beschwingt uns und signalisiert, was gut für uns ist.

Nehmen wir unsere Gefühle achtsam wahr, dann sind wir mit uns selbst und unseren Bedürfnissen im guten Kontakt. Dies ermöglicht uns auch authentische Beziehungen zu anderen.

Überblick

Im pädagogischen Begleitmaterial finden sich spielerische Anregungen, Rituale und kreative Möglichkeiten, das Thema „Gefühle" mit Kindern zu erarbeiten und in den Familien- oder Kita-/Schulalltag zu integrieren.

Zunächst geht es darum, die fünf Hauptgefühle erst einmal kennenzulernen und wahrzunehmen – sowohl bei uns selbst als auch bei anderen.

Anschließend steht das Mitteilen der eigenen Befindlichkeit im Fokus und es werden hilfreiche Möglichkeiten bereitgestellt, gemeinsam mit den Gefühlen umzugehen. Die Gesprächsanregungen und Rituale zu den einzelnen GEFÜHLchen-Geschichten ermöglichen eine intensive Auseinandersetzung mit dem jeweiligen Gefühl, sowohl in familiären als auch in pädagogischen Kontexten.

Viel Spaß beim gemeinsamen Lesen und GEFÜHLchen-Entdecken!

Laura von der Höh

Laura von der Höh ist Künstlerin und Kunstpädagogin. Neben dem Schreiben und Illustrieren liebt sie den kreativen Ausdruck auch in der Musik, im Tanz und in der Fotografie. Nicht zuletzt durch die Geburt ihrer Zwillinge lernte sie die komplexe Gefühlswelt des Familienlebens kennen und erarbeitete wirkungsvolle Möglichkeiten, Kinder im Umgang mit emotionalen Herausforderungen zu unterstützen.

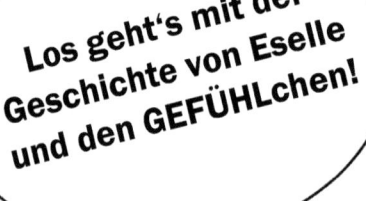

Schluss mit dem GEFÜHLchen-Chaos!

Eselles Welt

Es war einmal ein Einhorn namens **Eselle**. Eselle war klein, hatte feines, graues Fell und lebte im wundervollen Wolkenzauberland. Seine Mähne war wolkenweiß, genau wie sein Schweif. Ein weißes Horn zierte seine Stirn.

Im Wolkenzauberland war es wunderschön und es gab vieles, worüber sich das kleine Einhorn freute: den Regenbogenwasserfall, die leckeren, bunten Kringelblumen, die watteweichen Wolken und vieles mehr.

Eselle liebte es, mit seinen Freunden zu spielen, unter dem Regenbogen bis in den Himmel zu schaukeln oder den Regenbogen runterzurutschen.

Alles wäre wunderbar gewesen, hätte es da nicht diese **Gefühle** gegeben. Immer wieder machten sie dem Einhorn Eselle zu schaffen.

Eselle mochte Gefühle überhaupt nicht, außer die FREUDE
natürlich. Die Freude war toll! Mit ihr konnte das Einhorn so
richtig viel Spaß haben, tanzen und lachen.

Am schlimmsten war für Eselle die
WUT. Sie verwandelte das Einhorn
immer wieder in ein ohrenbetäubendes
Schreihorn, das aggressiv seine Zähne
fletschte.

Die ANGST setzte dem Einhorn
Eselle auch regelmäßig zu und
sorgte dafür, dass es zitternd unter
der Wolkendecke hockte und sich keinen Schritt mehr
vorwärts traute.

Gelegentlich machte die TRAUER das Einhorn zu einem
Heulhorn, das laut schluchzend und voller Selbstmitleid in
einer Kuhle ein Tränenbad nahm.

Die SCHAM war besonders schwierig für Eselle, denn sie war
oft so groß, dass sich das Einhorn ganz schlecht fühlte.

Doch dann passierte etwas Wunderbares. Was das war,
erfahrt ihr in der folgenden Geschichte.

Feenzauber

Eines Morgens hockte Eselle auf einem Wölkchen und jammerte: „Oh nein, oh nein! Immer diese Gefühle! Die sind soooooo dooooof!"

Da schwebte eine bunte **Fee** herbei und fragte, warum sich das Einhorn denn ständig über seine Gefühle beklagte.

Eselle antwortete: „Meine Gefühle, meine doofen Gefühle! Ständig überfordern sie mich und machen aus mir ein **Heulhorn**, ein **Wuthorn**, ein **Schamhorn** oder ein **Angsthorn**. Ohne sie wäre das Leben doch viel einfacher. Nur die Freude, die mag ich. Alle anderen Gefühle mag ich nicht. Kannst du mir meine Gefühle nicht einfach wegzaubern, liebe Fee?"

Die Fee antwortete: „Liebes Einhorn, das kann ich nicht. Deine Gefühle gehören nun einmal zu dir, genauso wie dein Horn. Aber die Gefühle sind nicht gut oder schlecht oder womöglich gegen dich. Alle Gefühle sind deine Helfer. Lass mich dir zeigen, was das bedeutet."

Das Einhorn willigte ein, und so sprach die Fee ihre kleine Zauberformel. Schwuppdiwupp verwandelten sich die Gefühle des Einhorns in **GEFÜHLchen**. Das waren kleine farbige Wolkenwesen, die

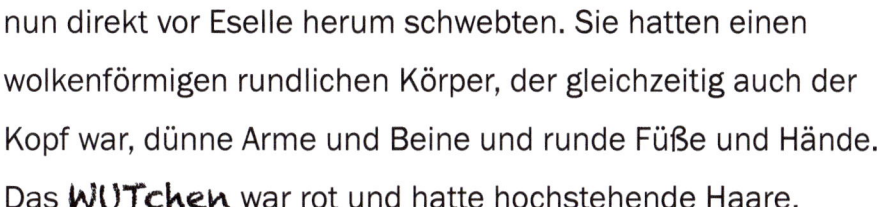

nun direkt vor Eselle herum schwebten. Sie hatten einen wolkenförmigen rundlichen Körper, der gleichzeitig auch der Kopf war, dünne Arme und Beine und runde Füße und Hände. Das **WUTchen** war rot und hatte hochstehende Haare. Das lilafarbene **ANGSTchen** trug eine hellblaue Schleife im Haar. Das **TRAUERchen** war dunkelblau und es hatte immer ein Taschentuch parat. Das grüne **SCHAMchen** trug eine orangefarbene Mütze und das **FREUDchen** strahlte gelb und grinste breit.

Die Fee erklärte: „Das sind deine GEFÜHLchen. Sie werden dich heute begleiten. Fühle sie und höre, was sie dir sagen. So können sie dir helfen. Heute Abend bei Sonnenuntergang treffen wir uns hier wieder."

Kaum hatte die Fee dies gesagt, war sie plötzlich verschwunden. Eselle war noch ganz verwirrt. Das Einhorn trottete über die Wolken und die GEFÜHLchen schwebten ihm hinterher.

Tante Rita und das WUTchen

„Eselle, mein Schätzchen, schön dich zu sehen!", trällerte

eine Stimme aus der Ferne. Es war Eselles Einhorntante Rita.

Im Galopp näherte sie sich und schleckte Eselle blitzschnell

mit ihrer langen Zunge quer übers Gesicht.

„Igitt!", dachte Eselle und presste die Lippen aufeinander,

damit Rita sein wütendes Zähnefletschen nicht sehen

 konnte. Da setzte sich das rote WUTchen auf

Eselles Schulter, tippte es an und flüsterte: „Ich bin

das Wutchen. Spürst du mich?" „Ja", antwortete

das Einhorn, „ich bin wütend! Ich hasse es, von Rita

abgeschleckt zu werden. Wie unverschämt! Ich mag

das überhaupt nicht und finde es ekelhaft. Was willst du

mir sagen, WUTchen? Kannst du mir helfen?" Das WUTchen

richtete sich ein wenig auf und antwortete: „Natürlich! Wenn

du wütend bist, bedeutet dies: STOPP, hier stimmt etwas nicht.

Jemand respektiert deine Grenzen nicht." Es streckte seine

rote Hand mit der Stopp-Geste ausgestreckt in Richtung Tante

Rita. „Nun sag deiner Tante aus dieser Kraft heraus ganz klar,

was du willst und was nicht."

Das Einhorn Eselle fühlte die Kraft seiner Wut nun in einer

guten Art und Weise und wieherte: „Rita, ich mag dich zwar

sehr, aber ich möchte dennoch nicht von dir abgeschleckt

werden!" Rita guckte verdutzt und fragte: „Ich mag dich auch,
Eselle. Wie darf ich dich denn sonst begrüßen?" „Vielleicht
mit einem sanften Nasenstupser", entgegnete Eselle.
Rita antwortete: „Okay, abgemacht." Sie gab Eselle einen

vorsichtigen Nasenstupser und
erkundigte sich: „Ist es so
besser?" „Ja, das ist
schön. Danke, Rita."
Eselle gab
Einhorntante
Rita noch einen
Nasenstupser zurück
und verabschiedete
sich dann von ihr.

„Und, wie fühlst du dich jetzt?", fragte das WUTchen. „Puh",
meinte Eselle, „ich bin erleichtert. Endlich habe ich ihr das
mal gesagt. Sie wird mich bestimmt nicht mehr abschlecken.
Ich bin stolz, dass ich mich das getraut habe. Und das alles
ohne das Schreihorn ... Danke, WUTchen. Du hast mir echt
geholfen."
„Gerne", erwiderte das WUTchen, verneigte sich und
schwebte zurück zu den anderen GEFÜHLchen.

Die Brücke und das ANGSTchen

Sichtlich stolz auf sich wollte Eselle gleich seine Freunde auf der anderen Wolkenseite besuchen. Also lief es zur großen Himmelsbrücke, einer riesigen Hängebrücke aus Holz, mit der man die große Wolkenschlucht überqueren konnte.

Doch als das Einhorn am Rande der Schlucht stand, sah es, dass ganz vorne ein Holzbrett fehlte. Hatte vielleicht der

nächtliche Sturm die Brücke beschädigt? Da setzte sich das lilafarbene ANGSTchen auf Eselles Schulter, tippte es an und flüsterte: „Ich bin das ANGSTchen. Spürst du mich?" „Ja", antwortete das Einhorn, „ich habe Angst. Die Brücke ist kaputt.

Was passiert, wenn ich in die Schlucht falle? Ich möchte so gerne zu meinen Freunden. Aber ich traue mich nicht. Ich kann spüren, wie ich zum Angsthorn werde. Was willst du mir sagen, ANGSTchen? Kannst du mir helfen?"

Das ANGSTchen sagte: „Natürlich! Wenn du Angst hast, bedeutet dies: Vorsicht, hier kommt etwas Neues, etwas Ungewohntes. Möglicherweise droht Gefahr. Es ist also gut, dass du deine Angst spürst, sonst wärst du womöglich einfach weitergelaufen und abgestürzt. Sei nun besonders aufmerksam und prüfe, ob es wirklich gefährlich ist – oder einfach nur anders."

Das Einhorn sah konzentriert auf die Lücke in der Brücke und überlegte: „Mhm, das fehlende Brett ist ganz vorne und der Rest der Brücke scheint stabil zu sein. Mit einem großen Schritt könnte ich es schaffen, über die Lücke zu laufen. Aber ich habe immer noch Angst."

„Ja, das kann ich fühlen. Dann komm her, ich begleite dich", sprach das lilafarbene Wesen und führte Eselle ganz ruhig über die Brücke zur anderen Seite der Wolkenschlucht.

„Und, wie fühlst du dich jetzt?", fragte das ANGSTchen.

„Puh", meinte Eselle, „ich bin erleichtert. Es tut so gut, in der Angst nicht allein zu sein. Denn in Begleitung erstarre ich auch nicht zum Angsthorn. Außerdem habe ich gemeinsam mit dir die Situation richtig eingeschätzt und bin nun auf der anderen Seite, wo ich meine Freunde besuchen kann. Danke, ANGSTchen. Du hast mir echt geholfen."

„Gerne", erwiderte das ANGSTchen, verneigte sich und schwebte zurück zu den anderen GEFÜHLchen.

Die anderen Einhörner und das SCHAMchen

Eselle lief weiter und kam an einer Gruppe schneeweißer
Einhörner vorbei. Wenn Eselle den weißen Einhörnern
begegnete, fühlte es sich oft wie ein echter Esel. Eselle
war schließlich ein graues Einhorn und besaß nicht so eine
leuchtende Fellfarbe wie die schneeweißen Einhörner.

 Da setzte sich das grüne **SCHAMchen** auf Eselles
Schulter, tippte es an und flüsterte: „Ich bin das
SCHAMchen. Spürst du mich?"

„Ja", antwortete das Einhorn, „ich schäme mich,
weil ich so hässlich bin. Ich bin grau wie ein Stein
oder wie eine dunkle Regenwolke. Viel lieber hätte ich so ein
helles Fell wie die schneeweißen Einhörner. Dann würden
sie sicherlich auch einmal mit mir spielen. Was willst du mir
sagen, SCHAMchen? Kannst du mir helfen?"

Das SCHAMchen sagte: „Wenn du Scham spürst, bedeutet
dies: Möglicherweise bist du nicht in Frieden mit dir
selbst! Überprüfe wohlwollend, ob deine Gedanken über
dich wirklich wahr sind. Geh doch einfach zu den anderen
Einhörnern und rede mit ihnen. Oft ist es ganz erleichternd,
wenn man seine Gefühle mit anderen teilt, anstatt sie ganz
alleine zu fühlen."

Eselle ging zögerlich auf die schneeweißen Einhörner zu. Da blickten sie zu ihm und riefen: „Hallo!" Eselle zögerte und fasste sich ein Herz: „Hallo, liebe Einhörner. Ich ... ich bin Eselle und ... ich würde so gerne mal mit euch spielen, aber ... ich ... ich schäme mich so. Ich bin so langweilig grau und ihr habt so ein schönes schneeweißes Fell." Da staunten die schneeweißen Einhörner und eines von ihnen antwortete direkt: „Hallo Eselle. Wie schön, dass wir dich besser kennenlernen dürfen. Wir haben dein graues Fell schon immer sehr bewundert, weil es so silbern schimmert. Das ist doch etwas ganz Besonderes." Eselle blickte an sich herunter. Auf einmal entdeckte es das Glitzern seines Fells selbst, denn als die Sonne darauf schien, funkelte das Einhorn wie eine silberne Münze.

„Und, wie fühlst du dich jetzt?", fragte das SCHAMchen. „Puh", meinte Eselle, „ich bin erleichtert. Ich dachte immer: Mit mir stimmt etwas nicht. Ich fühlte mich hässlich, weil ich grau war. Nun weiß ich: Ich bin ein silbernes Einhorn, einzigartig und wunderschön! Die anderen Einhörner haben mich sogar für morgen zum Spielen eingeladen. Ich freue mich! Danke, SCHAMchen. Du hast mir echt geholfen." „Gerne", erwiderte das SCHAMchen, verneigte sich und schwebte zurück zu den anderen GEFÜHLchen.

Schneehorn und das TRAUERchen

Eselle trabte weiter und wollte seinen Freund Schneehorn besuchen, den es im letzten Winter gebaut hatte. Schneehorn war ein riesengroßes Einhorn aus Schnee mit einer prächtigen Möhre als Horn. Doch was war das? Als Eselle an die Stelle kam, wo es Schneehorn zurückgelassen hatte, konnte es nur noch eine große Pfütze Schmelzwasser entdecken.

Völlig verzweifelt spürte das Einhorn, wie ihm die Tränen in die Augen stiegen. Es hatte nicht gewusst, dass Schnee schmelzen konnte, und gedacht, dass Schneehorn für immer sein Freund sein würde.

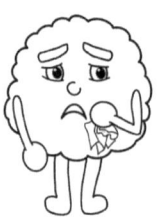 Da setzte sich das blaue **TRAUERchen** auf Eselles Schulter, tippte es an und flüsterte: „Ich bin das TRAUERchen. Spürst du mich?" „Ja", schluchzte das Einhorn mit tränenerstickter Stimme. Es konnte überhaupt nicht richtig sprechen, so sehr schmerzte sein Herz. Verzweifelt blickte Eselle das blaue Wesen fragend an: „Was willst du mir sagen, TRAUERchen? Kannst du mir helfen?"

Das TRAUERchen sagte: „Wenn du traurig bist, dann kann das bedeuten: Du hast etwas Wertvolles oder jemanden, der dir wichtig ist, verloren. Das schmerzt im Herzen. Mit der Zeit wirst du auf die schönen Erlebnisse mit Schneehorn dankbar zurückblicken können. Lass uns Abschied nehmen."

Das blaue Wesen legte seinen Arm tröstend um das Einhorn und gemeinsam streuten sie gepflückte Blüten in die Pfütze. Währenddessen sprachen sie über all die schönen Momente, die Eselle und Schneehorn miteinander verbracht hatten.

„Und, wie fühlst du dich jetzt?", fragte das TRAUERchen. „Puh", meinte Eselle, „ein wenig besser. Ich behalte die Erinnerung an die schöne Zeit mit Schneehorn in meinem Herzen. Danke, TRAUERchen. Du hast mir echt geholfen." „Gerne", erwiderte das TRAUERchen, verneigte sich und schwebte über die Blüten zurück zu den anderen GEFÜHLchen.

Lol und das FREUDchen

Eselle hatte noch einen Freund, den es als nächstes besuchen wollte. Das graue Einhorn und der Hase Lol kannten sich schon eine ganze Weile. Sie mochten sich sehr. Lol freute sich, Eselle zu sehen. Die beiden tobten miteinander und spielten Verstecken im Wolkenlabyrinth. Nachdem Eselle mit seinem Freund ausgiebig herumgetollt war, verabschiedete sich das Einhorn und machte sich auf den Rückweg.

 Da blickte es sich um und entdeckte das **FREUDchen**, das die ganze Zeit schon auf seiner Schulter gesessen hatte. „Nun, Eselle, hast du mich endlich entdeckt?"

Das gelbe Wesen lächelte und schmiss eine Ladung Konfetti in die Luft.

„Ja", rief das Einhorn, „Ich weiß, was du mir sagen willst. Wenn du bei mir sitzt, dann heißt das immer: Alles ist gut und ich bin glücklich! Ich habe Spaß und genieße den Moment! Danke, dass du da bist!"

„Gerne", erwiderte das FREUDchen, wirbelte um Eselles Horn herum und schwebte zurück zu den anderen GEFÜHLchen.

Wiedersehen mit der Fee

Inzwischen war es fast Abend geworden. Da erinnerte sich das Einhorn an seine Verabredung mit der Fee. Zusammen mit den GEFÜHLchen kam das Einhorn zu der Stelle, wo es sich mit der Fee treffen wollte.

Und tatsächlich: Die magische Fee wartete dort bereits und blickte Eselle freudig an.

Sie fragte: „Nun, wie ist es dir heute den ganzen Tag über ergangen?"

Und so berichtete Eselle von seinen Erlebnissen mit den GEFÜHLchen. Es erwähnte stolz, was es alles geschafft hatte, und dass es weder ein Schreihorn noch ein Angsthorn geworden war.

Schließlich meinte Eselle: „Ohne das WUTchen hätte ich mich nie getraut, mein Begrüßungsritual mit Tante Rita zu verändern. Ohne das ANGSTchen wäre ich vielleicht blind über die Brücke gerannt und abgestürzt oder hätte mich nie getraut, die Brücke zu überqueren. Ohne den Zuspruch des SCHAMchens hätte ich nicht den Mut gehabt, die schneeweißen Einhörner anzusprechen. Und ohne das TRAUERchen würde ich noch immer in der Pfütze sitzen und weinen. Ohne das FREUDchen hätte ich weniger

Dankbarkeit verspürt für die schönen Momente des Tages. Ich bin überglücklich, dass mir die GEFÜHLchen geholfen haben. Jetzt möchte ich sie nie mehr vermissen."

„Das freut mich sehr", sagte die Fee und schwang noch ein letztes Mal ihren Zauberstab.

Da begannen die GEFÜHLchen, sich kreisförmig um das Einhorn zu drehen. Sie wurden zu einem regenbogenfarbigen Strudel, der sich um Eselles Horn schmiegte, und plötzlich verwandelte sich Eselles weißes Horn in ein gestreiftes. Es glitzerte in allen Regenbogenfarben. Das Einhorn war verblüfft und bewunderte sein neues Horn. Es war so wunderschön! Die Fee erklärte feierlich: „Jedes Mal, wenn du ab jetzt ein Gefühl wahrnimmst, leuchtet dein Horn in der Farbe des passenden GEFÜHLchens. Spüre in dich hinein, erinnere dich an die erste bewusste Begegnung mit ihm und lass dir von deinem Gefühl helfen."

Das Einhorn bedankte sich bei der Fee. Nun brauchte es seine Gefühle nicht mehr zu fürchten oder loswerden zu wollen. Von nun an achtete Eselle immer auf die Farbe seines Horns und fragte sich dann: „Was willst du mir sagen, GEFÜHLchen?"

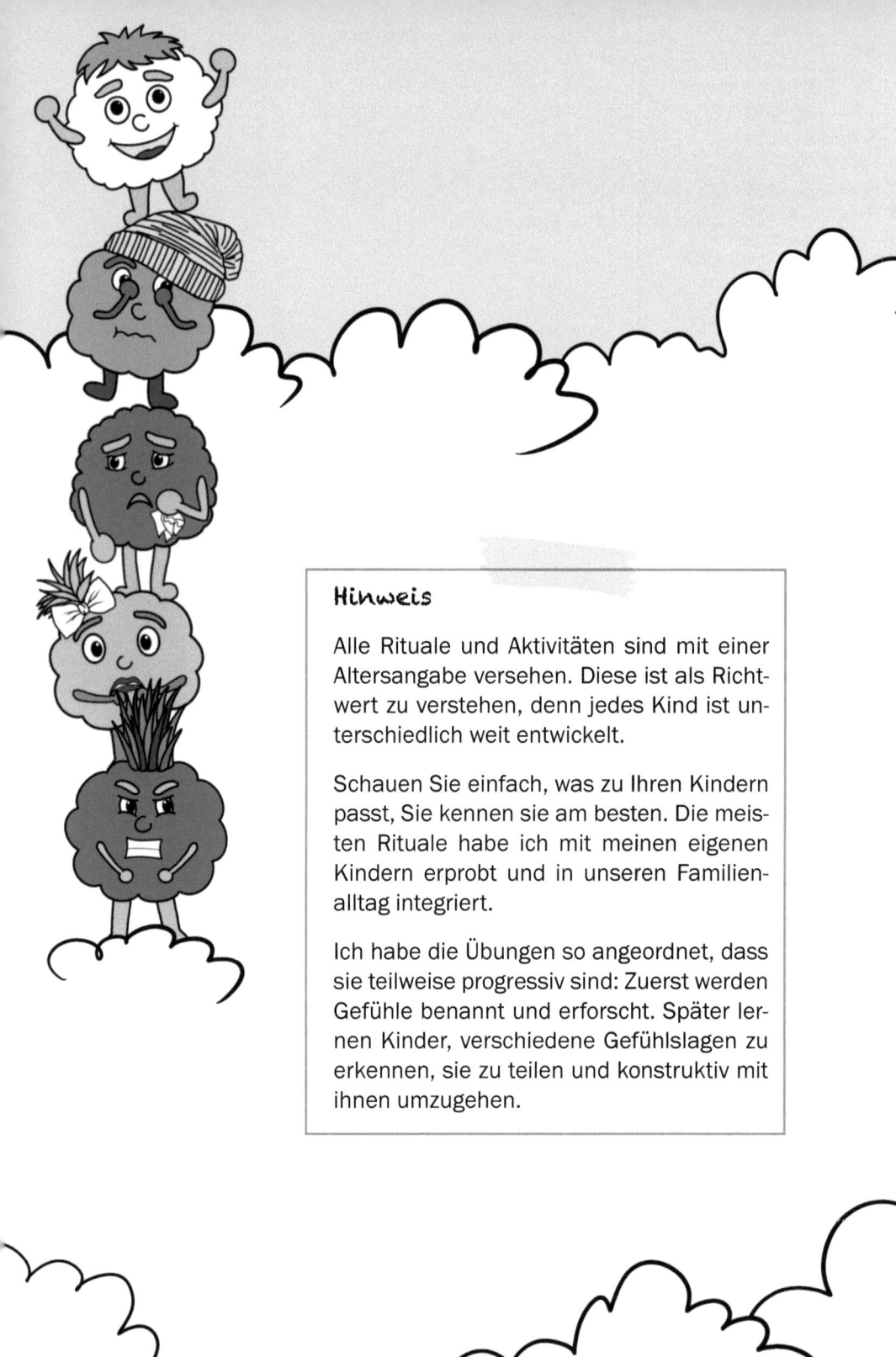

Hinweis

Alle Rituale und Aktivitäten sind mit einer Altersangabe versehen. Diese ist als Richtwert zu verstehen, denn jedes Kind ist unterschiedlich weit entwickelt.

Schauen Sie einfach, was zu Ihren Kindern passt, Sie kennen sie am besten. Die meisten Rituale habe ich mit meinen eigenen Kindern erprobt und in unseren Familienalltag integriert.

Ich habe die Übungen so angeordnet, dass sie teilweise progressiv sind: Zuerst werden Gefühle benannt und erforscht. Später lernen Kinder, verschiedene Gefühlslagen zu erkennen, sie zu teilen und konstruktiv mit ihnen umzugehen.

Pädagogisches Begleitmaterial

Übungen: Gefühle erkennen und wahrnehmen

Um mit Gefühlen hilfreich umgehen zu können, müssen Kinder erst einmal lernen, ihre eigenen Gefühle und die Gefühle anderer zu erkennen und zu benennen. Das ist der erste Schritt zur Verarbeitung.

In den folgenden Übungen geht es um diese Fragen:

- **Woran erkenne ich Gefühle?**

- **Wie fühlen sich Gefühle an?**

- **Was verrät mir der Gesichtsausdruck meines Freundes/meiner Freundin über ihre Gefühle?**

- **Wie sieht eine Person aus, die gerade wütend ist?**

- **Wie fühlt es sich in meinem Körper an, wenn ich Angst habe?**

- **Wann und wo bin ich glücklich?**

Gefühle-Poster (ab 3 Jahren)

Vorbereitung:

Fotografiert eure Gesichter mit den fünf unterschiedlichen Gefühlsausdrücken. Die folgenden Situationen können euch helfen, das entsprechende Gefühl zu fühlen und den passenden Gesichtsausdruck dazu zu machen.

 **Wut:**

Stelle dir vor, du bist Eselle und wirst von Tante Rita ungefragt abgeschleckt. Du bist wütend. Welchen Gesichtsausdruck machst du?

ODER

Stelle dir vor, ein anderes Kind bewirft dich einfach mit Sand. Du bist wütend. Welchen Gesichtsausdruck machst du?

Angst:

Stelle dir vor, du bist Eselle und musst die kaputte Brücke überqueren. Du hast Angst. Welchen Gesichtsausdruck machst du?

ODER

Stelle dir vor, du musst auf ein sehr hohes Klettergerüst klettern, um rutschen zu können. Du hast Angst. Welchen Gesichtsausdruck machst du?

Scham:

Stelle dir vor, du fühlst dich hässlich wie Eselle und sollst mit den schneeweißen Einhörnern reden. Du schämst dich. Welchen Gesichtsausdruck machst du?

ODER

Stelle dir vor, du sollst vor fremden Leuten singen, obwohl du den Text des Liedes nicht gut kennst. Du schämst dich. Welchen Gesichtsausdruck machst du?

Trauer:

Stelle dir vor, du bist Eselle und merkst, dass Schneehorn geschmolzen ist. Du bist traurig. Welchen Gesichtsausdruck machst du?

ODER

Stelle dir vor, dein Lieblingsspielzeug geht kaputt. Du bist traurig. Welchen Gesichtsausdruck machst du?

Freude:

Stelle dir vor, du bist Eselle und hast Spaß beim Toben mit dem Hasen Lol. Du freust dich. Welchen Gesichtsausdruck machst du?

ODER

Stelle dir vor, du bekommst etwas geschenkt, was du dir schon sehr lange gewünscht hast. Du freust dich. Welchen Gesichtsausdruck machst du?

Klebt anschließend die Fotos auf ein größeres Papier.

Übung:

Schaut euch alle Gefühle-Poster an und sprecht darüber:

Welche Teile des Gesichts spielen eine wichtige Rolle bei der Darstellung der Gefühle?

Woran erkennt man im Gesicht, wenn jemand traurig, wütend, fröhlich, ängstlich oder voller Scham ist?

Gefühle-Memory (ab 4 Jahren)

Vorlage:

Gefühle-Memory (Seite 59–65)

Vorbereitung:

Klebt die Memory-Karten auf Tonpapier oder Pappe, schneidet sie zurecht und malt Eselle und die GEFÜHLchen passend aus.

Für jüngere Kinder können auch weniger Karten genutzt werden.

Spielanleitung:

Legt die Karten verdeckt auf den Tisch. Das Kind, das als nächstes Geburtstag hat, fängt an.

Du drehst zwei Karten um und sagst jeweils beim Aufdecken der Karte, welches Gefühl dargestellt wurde. Sind die Karten ein Paar (also gleich), dann darfst du sie behalten und noch ein weiteres Mal zwei Karten aufdecken.

Passen die Karten nicht zusammen, legst du sie verdeckt wieder zurück und das nächste Kind ist dran. Falls du ein falsches Gefühl zu einer Karte sagst, musst du die Karten ebenso wieder umdrehen, selbst wenn es ein Paar ist.

So spielt ihr reihum, bis alle Paare gefunden sind. Das Kind mit den meisten Karten hat gewonnen.

Gefühle erforschen (ab 3 Jahren)

Gefühle lassen sich am Körper ablesen. Doch was genau passiert mit dem Körper bei einer bestimmten Gefühlslage?

Woran erkennt man, wenn jemand traurig, wütend, fröhlich, ängstlich oder voller Scham ist?

Übung:

Findet Gesten und Körperhaltungen, die zu den Gefühlen passen. Stellt euch in einen Kreis und benennt das Gefühl. Macht dazu eine passende Bewegung. Die körperlichen Reaktionen könnt ihr nicht nachahmen, aber ihr könnt sie euch bewusst machen.

Hier findet ihr Beispiele, aber vielleicht fallen euch auch noch andere Reaktionen ein:

Gefühl: Ich bin wütend.

Körperhaltung: angespannt

Bewegung/Geste: fest mit dem Fuß aufstampfen, die Hände zu Fäusten ballen, mit den Händen an den Kopf fassen (sich die Haare raufen)

Körperliche Reaktionen: roter Kopf, Schweißausbruch

Gefühl: Ich bin traurig.

Körperhaltung: gekrümmt, zusammengesunken, schlapp

Bewegung/Geste: Hände vor die Augen schlagen (als ob man weint), Hand aufs Herz legen, Kopf senken

Körperliche Reaktionen: Weinen, Herzschmerz, Kloß im Hals

Gefühl: Ich habe Angst.

Körperhaltung: geduckt, nach oben schauend, angespannt

Bewegung/Geste: Arme verschränken vor dem Oberkörper, flache Hand über den Mund legen, Augen aufreißen

Körperliche Reaktionen: Herzklopfen, nervöser Magen, Übelkeit

Gefühl: Ich schäme mich.

Körperhaltung: mit gesenktem Kopf dastehend

Bewegung/Geste: Arme vor dem Körper verschränken, Hände vors Gesicht legen, zur Seite blicken

Körperliche Reaktionen: Schwitzen, Erröten

Gefühl: Ich freue mich.

Körperhaltung: locker, beschwingt

Bewegung/Geste: Arme nach oben strecken (Hände offen), Luftsprung, laut lachen, grinsen

Körperliche Reaktionen: Herzklopfen, Bauchkribbeln

Gefühle erforschen macht Spaß!

Gefühle-Raten (ab 4 Jahren)

Vorlage:

Gefühle-Memory (Seite 59–65)

Kannst du Gefühle gut erkennen? Bist du ein Pantomime-Profi? Probiere dich aus und schaue, ob die anderen deine Gefühle gut erkennen können.

Vorbereitung:

Nehmt die Memory-Karten von Seite 59–65, falls ihr sie schon vorbereitet habt. Ansonsten: Klebt die Memory-Karten auf Tonpapier oder Pappe, schneidet sie zurecht und malt Eselle und die GEFÜHLchen passend aus.

Spielanleitung:

Legt die Karten verdeckt auf den Tisch. Das Kind, das die kürzesten Haare hat, fängt an.

Ziehe zuerst eine Karte, ohne sie den anderen zu zeigen. Mache dann mit dem Gesicht und deinem Körper das Gefühl nach.

Um die Schwierigkeit zu erhöhen, dürfen keine Geräusche dabei gemacht werden.

Wer das Gefühl zuerst errät, bekommt die Karte.

Gewonnen hat, wer die meisten Karten gesammelt und damit die meisten Gefühle erraten hat.

Mein Wolkenzauberland (ab 3 Jahren)

Vorlage:

Mein Wolkenzauberland (Seite 67)

Wann und wo fühlst du dich wohl? An diesen Ort der Freude kannst du Eselle mitnehmen.

Vorbereitung:

Nimm Eselle mit in DEIN Wolkenzauberland, zu deinem ganz eigenen Wohlfühlort.

Schneide Eselle aus und male das Einhorn passend an. Wenn du beide Eselle-Teile aufeinander klebst, kannst du ein kleines Stäbchen in die Mitte kleben und so ein Schild basteln, das du hochheben kannst.

A)   Halte Eselle und lass dich mit ihm an deinem Wohlfühlort fotografieren.

ODER

B)   Male dich selbst an deinem Wohlfühlort und klebe Eselle dazu.

Übung:

Zeigt euch gegenseitig eure Bilder (Fotos oder Zeichnungen). Hängt sie an eine Wand.

FREUDchen-Liste (ab 4 Jahren)

Vorlage:

FREUDchen-Liste (Seite 69)

Denke einmal nach:

Was macht dir Spaß?

Wann bist du glücklich?

Wann sitzt das FREUDchen auf DEINER Schulter?

Halte diese Momente in einer Sammlung fest.

Übung:

Schreibe, klebe oder male auf, was dir Spaß macht und wann du glücklich bist. Nutze die FREUDchen-Liste als Vorlage.

Stellt euch gegenseitig eure FREUDchen-Listen vor.

Suche einen geeigneten Platz für deine Liste, vielleicht an deiner Zimmertür. Mache ganz bewusst jeden Tag etwas, das dir Freude bereitet, auch wenn es nur zehn Minuten sind. Die FREUDchen-Liste soll dich daran erinnern, dass es jeden Tag etwas gibt, worüber du dich freuen kannst.

Rituale: Gefühle teilen

Beim Teilen von Gefühlen lernen wir zum einen, unsere Gefühle sprachlich auszudrücken. Zum anderen können wir uns mit geteilten Gefühlen gegenseitig besser verstehen und miteinander umgehen.

Wenn Kinder ihre Gefühle gut äußern können, hilft es uns Erwachsenen, sie beim Umgang mit ihren Gefühlen zu unterstützen.

Manchmal ist einem nicht ganz klar, wie es gerade geht. Da hilft es, kurz innezuhalten und sich zu fragen:

- **Wie fühle ich mich gerade?**
- **Bin ich glücklich, wütend, ängstlich, verschämt oder traurig?**
- **Ich fühle mich .... Was brauche ich gerade?**
- **Was kann ich tun, wenn ich traurig bin?**
- **Wohin mit meiner Wut?**
- **Wann bin ich glücklich?**

GEFÜHLchen-Kreis (ab 3 Jahren)

Vorlage:

GEFÜHLchen-Kreis (Seite 71)

Wenn man voneinander wissen will, wie jede*r sich gerade fühlt, dann braucht es Zeit und Raum, um zu fühlen und darüber zu sprechen. Sehr gut eignet sich hierzu der GEFÜHLchen-Kreis.

Vorbereitung:

Schneidet Eselle und die GEFÜHLchen aus, klebt sie auf Tonpapier oder Pappe und malt sie passend aus.

Schneidet nun einen großen Kreis ebenfalls aus festerem Papier aus, klebt Eselle in die Mitte und die GEFÜHLchen außen herum (siehe Skizze).

Nehmt Büro- oder Wäscheklammern und verseht sie jeweils mit euren Namen.

Ritual:

Nun könnt ihr – zum Beispiel im Morgenkreis gemeinsam mit euren Erzieher*innen oder gemeinsam mit euren Eltern, wenn ihr aus der Kita/ Schule gekommen seid – eure Klammer an das passende GEFÜHLchen setzen.

Vielleicht möchtet ihr zusätzlich erzählen, was passiert ist oder warum ihr euch so fühlt.

Erzähl-Runde (ab 6 Jahren)

Vorlage:

Erzähl-Runde (Seite 73)

Vorbereitung:

Schneidet das Bild von Eselle und den GEFÜHLchen aus und malt es passend aus. Klebt es auf ein Glas mit einem Teelicht darin.

Stellt das Kerzenglas in die Mitte eurer Erzähl-Runde.

Ritual:

Setzt euch gemütlich in einen Kreis. Nehmt nun das Glas und reicht es wie einen Erzählstein herum.

Wer das Glas in den Händen hält, darf von seinen Gefühlen, Erlebnissen, Sorgen und Wünschen erzählen. Die anderen hören aufmerksam zu – ohne Bewertung oder Kommentierung.

Eselle-Ampel (ab 3 Jahren)

Vorlage:

Eselle-Ampel (Seite 75–81)

Hinweis:

Hier gibt es zwei Maßnahmen: Hilfreiche Aktivitäten und dann die Notfallaktivitäten. Rot ist die Eskalation, die man verhindern will mit den vorherigen Maßnahmen. Wenn ein Kind schon im roten Bereich ist, dann kann man oft wenig tun. Um diese Eskalation zu verhindern, kann man frühzeitig vor allem im gelben Bereich der Ampel Dinge tun, um schwierige Gefühle zu bearbeiten. Deswegen ist eine regelmäßige Abfrage sinnvoll, um die Bedürfnisse der Kinder nach Klärung zu erkennen.

Vorbereitung:

Malt Eselle jeweils in grün, gelb, orange und rot an, klebt die Einhörner auf Tonpapier oder Pappe (wie eine Ampel unten grün, dann darüber gelb, orange und rot). Nehmt Büro- oder Wäscheklammern und verseht sie jeweils mit euren Namen.

Ritual:

Frage dich: Wie gut fühle ich mich gerade? Bin ich ausgeglichen, leicht unruhig, gestresst oder absolut überfordert?

Nun setzt jede*r von euch – zum Beispiel im Morgenkreis mit euren Erzieher*innen oder mit euren Eltern, wenn ihr aus der Kita/Schule gekommen seid – die eigene Klammer an die Eselle-Ampel.

Wenn du gerade nicht im grünen Bereich bist, schaue auf die Eselle-Ampel und überlege gemeinsam mit einem Erwachsenen, was du nun brauchst, um dich wieder wohl zu fühlen. Was kannst du tun, um deine Gefühle zu verarbeiten oder den Stress wieder „abfließen" zu lassen? (Bewegung, Entspannung, Ruhe, ein Gespräch etc.)

Gefühle
Ich bin überwältigt von meinen Gefühlen,
ich kann nicht mehr

Verhalten
Ich schreie,
ich weine,
ich bin nicht mehr ansprechbar,
ich schlage um mich,
ich tue mir weh

Eskalation verhindern!

Gefühle
Ich bin frustriert/wütend,
ich fühle mich schlecht

Verhalten
Ich werde laut,
ich beleidige/ärgere andere,
ich mache Krach mit Möbeln,
ich mache unerlaubte Dinge,
ich renne weg

Notfallaktivitäten
Stressabbau durch starken körperlichen Reiz
- Gegen Boxsack/Kissen schlagen
- Den ganzen Körper mit der flachen Hand abklopfen
- Hände/Füße kalt abduschen, kalten Lappen auf die Stirn legen
- Ein Gummi (um das Handgelenk) leicht fletschen lassen
- Starken Geruch riechen z.B. Pfefferminzöl, Essig
- Starken Geschmack schmecken z.B. Brausepulver, scharfes Pfefferminzbonbon

---

Gefühle
Ich bin traurig,
ich fühle mich unwohl,
ich bin unruhig

Verhalten
Ich kann mich nicht beschäftigen,
ich habe zu nichts Lust,
ich bin müde/erschöpft

Hilfreiche Aktivitäten
Stressabbau durch Entspannung oder Bewegung
- Tief und langsam ein- und ausatmen
- Ein Entspannungsbild anschauen
- Malen, basteln
- Witze erzählen, Grimassen schneiden
- Berührungen, Umarmungen
- Igelball in den Händen kneten
- Den ganzen Körper ausschütteln
- Musik hören, Tanzen
- Fantasiereisen, Meditationen für Kinder
- Treppen auf und ab laufen, laut stampfen
- Draußen spielen, klettern, rennen

Gefühle
Ich bin glücklich/zufrieden,
ich fühle mich erholt/ausgeglichen

Verhalten
Ich habe Lust mich zu beschäftigen,
ich erzähle gerne etwas

Mir geht es gut!

Mutmacher (ab 3 Jahren)

Vorbereitung:

Gestalte oder suche einen Mutmacher: einen Schlüsselanhänger, einen kleinen Stein oder einen anderen Gegenstand.

Am besten eignen sich Dinge, die klein, rundlich und leicht sind, sich angenehm in der Hand anfühlen und gut in die Hosentasche passen.

Ritual:

Den Mutmacher kannst du immer mitnehmen und dann in die Hand nehmen, wenn du gerade Angst hast. Oder aber du lässt ihn in deiner Tasche und denkst daran, dass er dir Mut gibt.

Hinweis für Eltern:

Beim Waschen der Kleidung sollte man auf die Mutmacher achten und sie vor Befüllung der Waschmaschine aus den Taschen entfernen.

Abschiednehmen (ab 3 Jahren)

Hier gibt es Ideen für Rituale zur Trauerbewältigung und zum Abschied.

Je nach Ritual werden unterschiedliche Materialien benötigt.

Rituale:

- eine Kerze anzünden
- Blütenblätter streuen
- eine Foto-Collage als Erinnerung gestalten
- ein Lied singen oder ein Gebet sprechen
- ein Abschiedsbild malen
- einen Abschiedsbrief schreiben (und vergraben)
- einen Baum oder eine Pflanze pflanzen
- einen Baum schmücken mit gebastelten Dingen oder Wunsch-Zetteln
- ein Band um den Arm binden als Andenken

- _____

- _____

- _____

- _____

Eselle-Sprüche (ab 3 Jahren)

Vorlage:

Eselle-Sprüche (Seite 83–91)

Vorbereitung:

Suche dir eine Vorlage aus, bei der dir der Spruch am meisten gefällt. Zeichne dich neben die Sprechblase und male dich und auch Eselle und FREUDchen aus.

Ritual:

Nun zeigt euch gegenseitig die Bilder und sagt euren Spruch noch mal vor den anderen auf.

Für ältere Kinder: Ihr könnt euch eure Bilder zeigen und erzählen, warum ihr den Spruch gewählt habt. Ihr dürft auch erzählen, was eure Stärken sind – also was ihr besonders gut könnt und was ihr an euch mögt.

Eselle-Urkunde (ab 3 Jahren)

Vorlage:

Eselle-Urkunde (Seite 93)

Manchmal ist es wichtig, sich die eigenen Stärken und Fähigkeiten vor Augen zu führen. Wenn das dann auch noch schriftlich festgehalten wird, ist es besonders wertschätzend.

Vorbereitung:

Die Eltern oder Erzieher*innen füllen die Urkunde für die Kinder aus.

- Was ist ihnen an den Kindern besonders positiv aufgefallen?
- Welche Stärken haben die Kinder?
- Was können sie gut oder was mögen sie an ihnen?

Alternativ:

Die Kinder füllen gemeinsam mit einem Erwachsenen die eigene Urkunde aus.

Ritual:

Die Urkunden dürfen feierlich übergeben oder vielleicht auch vor den anderen vorgelesen werden.

FREUDchen-Glas (ab 3 Jahren)

Vorlage:

FREUDchen-Glas (Seite 95)

Vorbereitung:

Malt Eselle und FREUDchen passend aus. Klebt nun das Schild auf ein größeres leeres Glas, zum Beispiel ein Gurkenglas. Nehmt z.B. eine Müsli-Schüssel und füllt sie mit großen bunten Perlen (alternativ trockene Bohnen oder Erbsen).

Achtung:

Für kleine Kinder bis drei Jahren ist eine Kombination aus einer größeren Kiste und für das Alter empfohlenen Spielsteinen sinnvoller wegen der Verschluckungsgefahr.

Ritual:

Überlege einmal:

- Wann warst du glücklich?

- Wofür bist du dankbar?

- Was macht dich stolz?

Setzt euch nun zusammen. Nehmt nacheinander eine Perle – stellvertretend für euren Glücksmoment – aus der Schüssel und legt sie in das FREUDchen-Glas. Erzählt euch von euren Glücksmomenten und wofür ihr dankbar oder stolz seid und schaut zu, wie sich das FREUDchen-Glas nach und nach mit positiven Glücksmomenten füllt.

Dieses Ritual kann täglich oder gelegentlich gemacht werden, entweder mit ein bis drei Perlen pro Person oder so viele ihr wollt, je nach Anzahl der Teilnehmenden.

GEFÜHLchen-Kasten (ab 6 Jahren)

Vorlage:

GEFÜHLchen-Kasten (Seite 97)

Vorbereitung:

Gestaltet einen Schuhkarton als GEFÜHLchen-Kasten. Malt die Vorlage aus und klebt sie auf den Karton. Lasst von einem Erwachsenen einen Schlitz zum Einwerfen der Zettel hineinschneiden.

FREUDchen-Momente: Notiere dir schöne Ereignisse, gemeinsame Momente oder Dinge, für die du dankbar bist, zum Beispiel:

- Das Waffelbacken mit der Familie hat Spaß gemacht!
- Es war schön, gemeinsam mit dir ein Buch zu lesen.
- Ich habe einen riesigen Legoturm gebaut!
- Ich bin stolz, dass ich mein Bronze-Abzeichen gemacht habe.
- Ich bin dankbar, dass du mir bei den Hausaufgaben geholfen hast.

Wünsche: Es können auch (zusätzlich dazu) andere Gefühle notiert oder Probleme in Form von Wünschen aufgeschrieben werden.

- Ich war traurig/wütend/glücklich/verschämt/ ängstlich, als ...
- Ich wünsche mir, dass ...
- Ich brauche ...

Ritual:

Innerhalb einer Woche werden im GEFÜHLchen-Kasten Zettel gesammelt und dann in einer gemeinsamen Runde vorgelesen. Es können sowohl FREUDchen-Momente als auch Wünsche notiert werden. Wichtig ist, dass beim Vorlesen von Wünschen oder Problemen kein Streit wiederauflebt oder Konflikte lang und breit diskutiert werden, sondern lediglich der Wunsch oder das Problem zur Kenntnis genommen und gewürdigt werden. Die Wünsche oder Probleme der Kinder können als Impulse für späteren Handlungsbedarf aufgenommen werden.

Anregungen zu den GEFÜHLchen-Geschichten

GEFÜHLchen kennnenlernen (ab 3 Jahren)

Vorlage:

GEFÜHLchen kennenlernen (Seite 99)

Vorbereitung:

Macht euch erneut mit den GEFÜHLchen vertraut, indem ihr euch noch mal die Bilder im Buch anschaut.

Übung:

Malt anschließend die Vorlage farbig aus.

Für ältere Kinder: Malt ein eigenes Bild mit Eselle, den Gefühlchen und der Fee.

WUTchen

Lies (erneut) das Kapitel der Eselle-Geschichte „Tante Rita und das WUT-chen" gemeinsam mit einem Erwachsenen.

Gesprächsanregungen:

* Warum wird das Einhorn wütend?

* Was zeigt die Wut?

Eselle wird ganz wütend, als es von seiner Einhorntante Rita abgeschleckt wird. Die Wut zeigt, dass etwas nicht stimmt und dass Eselles Grenzen verletzt werden: Eselle will nicht von Rita abgeschleckt werden (Bedürfnis).

Überlege, warum/wann du wütend bist.

* Was stimmt dann in deiner jeweiligen Situation nicht?

* Welche Grenze wird oder welche Grenzen werden bei dir überschritten? Was willst du/willst du gerade nicht?

* Was ist dein Bedürfnis?

Wie löst Eselle das Problem?

Das Einhorn Eselle äußert sein Bedürfnis ganz klar und sagt seiner Tante Rita, dass es lieber nicht abgeschleckt werden will. Gemeinsam finden sie dann ein neues Begrüßungsritual (Nasenstupser).

* Was könntest du sagen in einer Wut-Situation?

* Wie könntest du dein Bedürfnis am besten ausdrücken?

Ritual:

Eselle-Ampel (Seite 44)

ANGSTchen

Lies (erneut) das Kapitel der Eselle-Geschichte „Die Brücke und das ANGSTchen" gemeinsam mit einem Erwachsenen.

Gesprächsanregungen:

- Warum ist das Einhorn ängstlich?

- Was zeigt die Angst?

Eselle ist ganz ängstlich, als es die kaputte Brücke sieht. Die Angst hat gezeigt, dass etwas Ungewohntes da ist und möglicherweise Gefahr droht. Die Situation muss zunächst aufmerksam geprüft werden. Eselle möchte sicher zu seinen Freunden kommen (Bedürfnis).

Überlege, warum oder wovor du Angst hast.

- Ist es nur etwas Neues oder Ungewohntes?

- Droht wirkliche Gefahr?

Wie löst Eselle das Problem?

Das Einhorn sieht sich die Brücke genau an, schätzt die Gefahr ab und geht dann gemeinsam mit ANGSTchen vorsichtig hinüber.

- Wie gefährlich ist deine Situation?

- Wie könntest du das Problem bewältigen?

- Wer kann dir in deiner Situation helfen?

Ritual:

Mutmacher (Seite 46)

SCHAMchen

Lies (erneut) das Kapitel der Eselle-Geschichte „Die anderen Einhörner und das SCHAMchen" gemeinsam mit einem Erwachsenen.

Gesprächsanregungen:

- Warum schämt sich das Einhorn?

- Was zeigt die Scham?

Eselle schämt sich so, weil es sich hässlich fühlt und denkt, dass es von den schneeweißen Einhörnern merkwürdig angeschaut wird. Die Scham zeigt, dass das Einhorn sich selbst nicht so annehmen mag, wie es ist, und dass es die seltsam empfundenen Blicke der anderen Einhörner auf sein Äußeres bezieht.

Überlege, wann/warum du dich schämst.

- Fühlst du dich schlecht oder bist du mit dir oder deinen Fähigkeiten unzufrieden?

- Akzeptierst du dich so, wie du bist?

Wie löst Eselle das Problem?

Eselle spricht mit den schneeweißen Einhörnern und es klären sich rasch die Missverständnisse. Nach dem Gespräch sieht sich Eselle in einem völlig neuen Licht: Es erkennt seine Einzigartigkeit und dass es etwas ganz Besonderes ist.

- Was gefällt dir an dir besonders?

- Welche Fähigkeiten und Stärken hast du?

- Was macht dich einzigartig?

Rituale:

Eselle-Sprüche (Seite 48)

Eselle-Urkunde (Seite 49)

55

TRAUERchen

Lies (erneut) das Kapitel der Eselle-Geschichte „Schneehorn und das TRAUERchen" gemeinsam mit einem Erwachsenen.

Gesprächsanregungen:

- Warum ist das Einhorn traurig?

- Was zeigt die Trauer?

Eselle ist sehr traurig, dass Schneehorn geschmolzen ist. Die Trauer zeigt, dass es einen guten Freund verloren hat. Eselle vermisst es, mit Schneehorn zu spielen.

Überlege, wann/warum du traurig bist.

- Was vermisst du?

- Wer oder was fehlt dir? Ein Haustier, eine geliebte Person?

- Oder vermisst du deine Freunde aus der Kita, weil sie nun in die Schule gehen?

Wie löst Eselle das Problem?

Das Einhorn nimmt Abschied von Schneehorn und macht gemeinsam mit TRAUERchen ein Abschiedsritual. Außerdem helfen Eselle die Erinnerungen an die schönen Momente mit Schneehorn.

- Wer kann dich trösten?

- Wie kannst du mit der Trauer umgehen?

- Welches Abschiedsritual kannst du gemeinsam mit anderen machen?

- Was sind schöne Momente, die du in Erinnerung behalten kannst?

Ritual:

Abschiednehmen (Seite 47)

FREUDchen

Lies (erneut) das Kapitel der Eselle-Geschichte „Lol und das FREUDchen" gemeinsam mit einem Erwachsenen.

Gesprächsanregungen:

- Warum ist das Einhorn glücklich?

- Was zeigt die Freude?

Eselle ist glücklich, weil es ausgelassen mit seinem Freund Lol spielt. Das Einhorn fühlt sich wohl und hat Spaß.

Überlege, wann/warum du glücklich bist.

- Wann bist du glücklich?

- Wofür bist du dankbar?

- Was macht dich stolz?

Rituale:

Mein Wolkenzauberland (Seite 39)

FREUDchen-Liste (Seite 40)

FREUDchen-Glas (Seite 50)

GEFÜHLchen-Kasten (Seite 51)

Vorlagen zu den Ritualen

Alle Vorlagen haben eine weiße Rückseite, damit ihr sie ausschneiden könnt!

FREUDchen-Liste von:

_____

-
_____

-
_____

-
_____

-
_____

-
_____

-
_____

-
_____

-
_____

Das bereitet mir Spaß und macht mich glücklich!

ROT

Gefühle

Ich bin überwältigt von
meinen Gefühlen,
ich kann nicht mehr

Verhalten

Ich schreie,
ich weine,
ich bin nicht mehr
ansprechbar,
ich schlage um mich,
ich tue mir weh

ORANGE

Gefühle

Ich bin frustriert/wütend,
ich fühle mich schlecht

Verhalten

Ich werde laut,
ich beleidige/ärgere andere,
ich mache Krach mit Möbeln,
ich mache unerlaubte Dinge,
ich renne weg

GELB

Gefühle

Ich bin traurig,
ich fühle mich unwohl,
ich bin unruhig

Verhalten

Ich kann mich nicht beschäftigen,
ich habe zu nichts Lust,
ich bin müde/erschöpft

GRÜN

Gefühle

Ich bin glücklich/zufrieden,
ich fühle mich erholt/
ausgeglichen

Verhalten

Ich habe Lust, mich
zu beschäftigen,
ich erzähle gerne etwas

Ich bin
einzigartig und
wunderbar!

Ich bin
liebenswert und
werde geliebt!

Urkunde für

_____

Deine Stärken:

_____

_____

_____

_____

_____

_____

_____
Unterschrift

FREUDchen-Glas

Ich war glücklich, als ...

Ich bin dankbar, dass ...

Ich bin stolz, dass ...

GEFÜHLchen-Kasten

Weitere Empfehlungen

Gefühle und Gewaltfreie Kommunikation

Tassilo Peter: Der Friedensstock.
Online: tassilopeters.com/friedensstock
Eine tolle und hilfreiche Methode, um mit Kindern (ab 3 J.) Konflikte mit gewaltfreier Kommunikation zu lösen.

Ich nutze den Friedensstock mit meinen Kindern schon, seit sie 4 Jahre alt sind. Wir haben etliche Konflikte gut gelöst und mittlerweile können meine Kinder ihre Gefühle und Bedürfnisse gut kommunizieren.

Hanna Grubhofer, Sigrun Eder: Was brauchst du? Mit der Giraffensprache und Gewaltfreier Kommunikation Konflikte kindgerecht lösen (2019)
Ein schön illustriertes Buch, welches die gewaltfreie Kommunikation kindgerecht erklärt.

Kinder lernen, ihre Bedürfnisse zu erkennen und Konflikte zu lösen, vor allem demokratisch und auf Augenhöhe.

Byron Katie: Tiger-Tiger, ist es wahr? (2010)
Ein schönes Buch, um mit Kindern die eigenen Gedanken und Glaubenssätze zu reflektieren.

Es war wirklich hilfreich, Glaubenssätze und Gedanken genau unter die Lupe zu nehmen, denn oft entstehen Probleme hauptsächlich in unserem Kopf. Nicht was passiert, sondern wie wir darüber denken, was passiert, macht uns das Leben schwer. Also: Glaube nicht alles, was du denkst.

Entspannungshilfen

Anja Frenzel: Das tut mir gut, Mama! (2020)
Ein tolles Buch, um mit Kindern mit Hilfe der Glückspunkt-Methode (Sternengefühl) und vielen praktischen Übungen Entspannung, Kraft und Lebensfreude zu erleben.

Meine Kinder haben die Geschichten mit den Sternen sehr geliebt und mit großem Spaß die kreativen Angebote im Praxisteil gemacht. Das Buch bietet viele Zusatzmaterialien zum Downloaden an.

Ulrike Petermann: Die Kapitän-Nemo-Geschichten. (2016)
Angenehme Entspannungsgeschichten zum Vorlesen für Kinder mit Ausflügen in die Unterwasserwelt.

Die Geschichten regen die Fantasie der Kinder an, sie erleben ein sanftes Abenteuer und gleichzeitig entspannen sie mit Elementen aus dem autogenen Training. Durch das regelmäßige Vorlesen vor dem Einschlafen konnten meine Kinder den Stress des Tages loslassen und gut durchschlafen. Auch für Entspannungszeiten tagsüber geeignet.

Simon Jäger: Fantasiereisen & Meditationen für Kinder (2016)
Eine wunderbare Doppel-CD mit kreativen Fantasiereisen und Meditationen für Kinder im Kita-Alter.

Die Tiere nehmen die Kinder mit auf eine Reise und schenken ihnen – liebevoll und fantasievoll erzählt – eine Pause, um neue Kraft zu tanken. Wir haben die Geschichten oft nach der Kita zum Ausruhen gehört.

Hanna Grubhofer, Sigrun Eder:

Was brauchst du?
Mit der Giraffensprache und
Gewaltfreier Kommunikation
Konflikte kindgerecht lösen

Das fröhlich illustrierte Bilder-Erzähl-buch unterstützt Kinder dabei, Gefühle und Bedürfnisse zu erkennen, um für jeden eine passende Lösung zu fin-den. Die Gewaltfreie Kommunikation (GFK) hilft dabei, Konflikte zu lösen. Zahlreiche Mit-Mach-Seiten zum Malen, Aufschreiben und Reden im Anschluss an die Geschichte befähigen junge LeserInnen dazu, sich selbst und andere besser zu verstehen. Als Bonus-Material gibt es die Tiere und ihre Bedürfnisse zum Ausmalen und Ausschneiden. Auf Karton geklebt können Kinder so ihre eigenen Bedürfniskärtchen basteln und Lösungen für Konflikte finden.

Was brauchst du jetzt?
Mit der Giraffensprache und
Gewaltfreier Kommunikation
Selbstfürsorge kindgerecht vermitteln

Band 2 des Bestsellers zeigt, wie innere Konflikte mit Hilfe der GFK gelöst werden und Selbstfürsorge kindgerecht vermittelt werden kann.

Was brauchst du im Advent?
Der Familien-Adventskalender in
Giraffensprache für Gewaltfreie
Kommunikation mit Kindern und Eltern

Zum Ausmalen und Mitmachen für die ganze Familie.

SOWAS-Buch.de

Überall im (Internet-)Buchhandel • Verlag edition riedenburg • editionriedenburg.at

Buchempfehlungen des Verlags

Sigrun Eder, Daniela Molzbichler:

Konrad, der Konfliktlöser
Clever streiten und versöhnen

Konrad mag keinen Streit. Doch seine kleine Schwester Hannah und Mitschülerin Meeta schaffen es mit links, ihn auf die Palme zu bringen. Wodurch sich die Wogen wieder glätten und was Konrad über richtiges Streiten lernt, wird in „Konrad, der Konfliktlöser" vermittelt. Zusätzlich werden Strategien vorgestellt, die das Erkennen, Vorbeugen und Lösen von Konflikten erleichtern. Die Mit-Mach-Seiten laden Kinder ab 8 Jahren dazu ein, ihr persönliches Konfliktverhalten besser wahrzunehmen sowie gezielt zu optimieren.

Mit zwei EXTRA-Heften

für häusliches und externes Streiten und Versöhnen sowie einem Bilder-Erzählbuch für schulische Konfliktlösung.

SOWAS-Buch.de

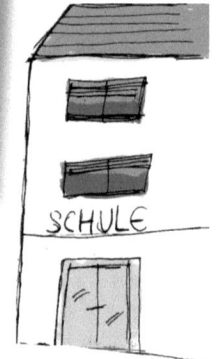

Buchempfehlungen des Verlags

Die Original SOWAS!-Titel bewähren sich bereits seit 2008 und enthalten immer einen interaktiven Mitmach-Teil.

Rosa und das Mut-Mach-Monsterchen
Das Bilder-Erzählbuch für Kinder, die mutiger sein wollen

Felix und der Sonnenvogel
Das Bilder-Erzählbuch für Kinder, die getröstet und beschützt werden wollen

STARK GEGEN GEWALT
Selbstbewusst eskalierende Konflikte erkennen und Gewalt kindgerecht stoppen

Willi Wunder
Das Bilder-Erzählbuch für alle Kinder, die ihre Einzigartigkeit entdecken wollen

Annikas Gute-Laune-Buch
Für mehr gute Laune in deinem Leben

Herr Kacks und das Pi
So landen großes und kleines Geschäft direkt im Klo!

SOWAS-Buch.de

Buchempfehlungen des Verlags

Jeder Titel aus der Reihe „Starke Frauen" bietet euch gut verständliche Texte, inspirierende Bilder und knifflige Fragen zum Weiterdenken.

Ab 8 Jahren, in leicht lesbarer Druckschrift. Als Schullektüre und für die Schulbibliothek geeignet.

Mit Kreativ-Seiten zur eigenen Gestaltung.

FÜR KLEINE LEUTE MIT GROSSEN IDEEN.

StarkeFrauen-Buch.de

Buchempfehlungen des Verlags

Nicole Schäufler:

Vom Mädchen zur Frau
Ein märchenhaftes Bilderbuch für alle Mädchen, die ihren Körper neu entdecken

Vom Jungen zum Mann
Ein abenteuerliches Bilderbuch für alle Jungen, die ihren Körper neu entdecken

MIKROMAKRO
Die Buchreihe für Kinder, die alles ganz genau wissen wollen.

Mikromakro-Buch.de

Rituale für Familien
Spezielle Themen für Kinder, ihre Familien und Pädagog*innen zum Einsatz daheim, in der Kita, im Kindergarten sowie in Grund-, Haupt- und Förderschulen

Rituale-Buch.de

Bibliografische Information der Deutschen Nationalbibliothek:
Die Deutsche Nationalbibliothek verzeichnet diese Publikation in der Deutschen Nationalbibliografie; detaillierte bibliografische Daten sind im Internet über http://dnb.d-nb.de abrufbar.

Laura von der Höh

Schluss mit dem GEFÜHLchen-Chaos!
Das interaktive Kinderbuch mit umfassendem Begleitmaterial zum richtigen Umgang mit Gefühlen
– von einer Pädagogin entwickelt –

1. Auflage	November 2022
© 2022	edition riedenburg
Verlagsanschrift	Adolf-Bekk-Straße 13, 5020 Salzburg, Österreich
Internet	www.editionriedenburg.at
E-Mail	verlag@editionriedenburg.at
Lektorat	Dr. Heike Wolter, Regensburg
Fotos	Portrait Laura von der Höh: © Christian von der Höh
Illustrationen	© Laura von der Höh
Satz und Layout	edition riedenburg
Herstellung	Books on Demand GmbH

ISBN 978-3-99082-118-3

editionriedenburg.at